Mirjam Pfrang (Texte)
Markus Niethammer (Fotos)

Liebenswertes Reutlingen

deutsch english français

Markus Niethammer, geb. 1966, in Reutlingen, selbstständiger Fotograf und Fotojournalist, kennt und liebt seine Heimat wie seine Fotoweste.

Mirjam Pfrang, geb. 1962, Kommunikations-Designerin. Seit 2003 ist Reutlingen ihre Wahlheimat.

Übersetzungen:
Dr. Anthony Alcock (engl.)
Annie Carroy-Schwarz (frz.)

1. Auflage 2013

Satz und Layout: Designbüro Gerald Halstenberg, Berlin
Druck: Bernecker MediaWare AG, Melsungen
Buchbinderische Verarbeitung: Buchbinderei S. R. Büge, Celle

34281 Gudensberg-Gleichen, Im Wiesental 1
Telefon: 0 56 03 - 9 30 50
www.wartberg-verlag.de
ISBN 978-3-8313-2505-4

Vorwort

Wenn am Horizont die Schwäbische Alb mit der Achalm auftaucht, wissen unsere Gäste, dass sie gleich am Ziel sind. Wir Reutlinger wissen dann, dass wir daheim sind. Dieser Bildband ist eine Liebeserklärung an unsere Stadt, die Stadt, die wir mitgestalten und die uns prägt.

Nach der Charakteristik von Reutlingen gefragt fallen Begriffe wie „die mit 110 000 Einwohnern kleinste Großstadt“, ehemals Freie Reichsstadt, größtes Dorf, Fachwerkromantik, Tradition, Weltoffenheit, ausgedehnte Grünflächen, engagierte Kulturschaffende, moderne Architektur, innovativer Industriestandort, eben durch und durch schwäbisch.

Entdecken Sie mit uns das scheinbar Gegensätzliche, das den faszinierenden Charme Reutlingens ausmacht. Vom Bahnhof, entlang der Echaz und der Oststadt mit kleinen Abstechern zu besonderen Sehenswürdigkeiten, um dann ausgiebig in der Altstadt zu verweilen. Begleiten Sie uns weiter zu zwölf abwechslungsreichen Teilorten und in die nahe Umgebung.

Markus Niethammer
Mirjam Pfrang

Foreword

When the Swabian Jura with the Achalm mountain appears on the horizon, our guests know they will be reaching their destination soon. And we Reutlingen people know we have got home. This illustrated volume is a declaration of love to our city, the city we shape and that shapes us.

Asking for a characteristic of Reutlingen draws answers like ‘with 110,000 inhabitants it's the smallest city’, former Imperial City, biggest village, romantic timber-framed buildings, tradition, cosmopolitanism, extensive green spaces, people highly committed to the production of culture, modern architecture, site of innovative industries, Swabian through and through.

Join us to discover the apparent contradictions that make up Reutlingen's fascination and charm. We begin at the station, walk along the Echaz river and through the East district with little detours to special sights and finally, spend plenty of time in the historic centre. Stay with us for our excursions to twelve varied districts and into the nearby countryside.

Markus Niethammer
Mirjam Pfrang

Préface

Quand nos visiteurs voient le Jura souabe et le mont Achalm apparaître à l'horizon, ils savent qu'ils sont bientôt arrivés. Et nous, nous savons que nous sommes chez nous. Ce livre illustré est une déclaration d'amour à notre ville.

Avec ses 110 000 habitants, la plus petite des grandes villes, ancienne ville libre d'Empire, plus grand des villages, romantiques maisons à colombages, tradition, ouverture sur le monde, vastes espaces verts, acteurs culturels, architecture moderne, site industriel innovant, 100 % souabe: voilà quelles seraient les caractéristiques de Reutlingen.

Découvrez avec nous ces contrastes apparents qui font le charme fascinant de Reutlingen. Le chemin vous mènera de la gare à la vieille ville en passant par les rives de l'Echaz, le quartier Est et quelques curiosités. Accompagnez-nous ensuite dans douze communes pittoresques et les environs proches.

Markus Niethammer
Mirjam Pfrang

Angekommen – Vor der Altstadt

Der Bahnhof

Der Hauptbahnhof wurde 1859 eröffnet und im Zweiten Weltkrieg stark zerstört. Die Anbindung Reutlingens ans Schienennetz hatte die industrielle Entwicklung der Stadt vorangebracht.

Arrived – Outside the Historic Centre

The main station was opened in 1859 and suffered serious damage during World War II. Reutlingen's connection to the railway network boosted the industrial development of the city.

À l'entrée de la vieille ville

Inaugurée en 1859, la gare centrale a été en grande partie détruite pendant la Seconde Guerre mondiale. Le rattachement de Reutlingen au réseau ferroviaire avait beaucoup contribué au développement industriel de la ville.

Friedrich-List-Denkmal

Dem 1789 in Reutlingen geborene Eisenbahnpionier und Nationalökonom Friedrich List wurde vor dem Bahnhof 1863 ein von Gustav Kietz geschaffenes Denkmal errichtet. Er starb 1846 in Kufstein.

Railway pioneer and economist Friedrich List was born in Reutlingen and died in Kufstein in 1846. His monument in front of the station was created by Gustav Kietz and inaugurated 1863.

On doit à Gustav Kietz le monument érigé devant la gare en 1863 et dédié à Friedrich List, un promoteur des chemins de fer et économiste né à Reutlingen en 1789 et mort à Kufstein en 1846.

Expresso

Der Schnellbus bringt seine Gäste von der Achalmstadt Reutlingen in 40 Minuten an den Flughafen und zur Neuen Messe Stuttgart.

The express bus takes 40 minutes to bring passengers from Reutlingen, at the foot of the Achalm mountain, to Stuttgart's airport or the new fairground.

Le bus express mène ses passagers de Reutlingen à l'aéroport de Stuttgart et au centre de congrès Neue Messe en 40 minutes.

Karlstraße

Blick Richtung Karlsplatz auf eine der mehrspurigen Hauptverkehrsstraßen.

View along one of the multi-lane arterial roads in the direction of Karlsplatz.

Vue d'une des artères à plusieurs voies en direction de la Karlsplatz.

Wandelknoten

Eine der besonders frequentierten Straßenkreuzungen der Stadt hat ihren Namen von der ehemaligen Metalltuch- und Maschinenfabrik Wandel, in der heute auf mehr als 4000 Quadratmetern drei große Kunsteinrichtungen untergebracht sind: Die Städtische Galerie, der Kunstverein Reutlingen und die Stiftung für Konkrete Kunst. In den angrenzenden Shedhallen ist die Sammlung des Industriemagazins zu sehen.

One of the particularly busy intersections of the city has been named after the former metal cloth and machine factory Wandel, whose site is now occupied by three major art institutions: Städtische Galerie (part of the city's museum of fine arts), Kunstverein Reutlingen (an association of the arts) and Stiftung für Konkrete Kunst (a foundation for concrete art). In the neighbouring sheds the local museum's collection on the history of industrialization (Industriemagazin) is on display.

Ce carrefour particulièrement fréquenté doit son nom à l'ancienne usine de construction mécanique Wandel qui, sur plus de 4000 m², héberge aujourd'hui trois grandes institutions culturelles: la galerie municipale d'Art moderne, la société des Beaux-Arts et la fondation pour l'Art concret. La Shedhalle voisine abrite la collection du musée Industriemagazin.

ZOB

Am Zentralen Omnibus Bahnhof laufen seit der Einweihung 1994 die Linien des Reutlinger Nahverkehrs zusammen. Tausende von Fahrgästen streben von hier aus täglich ihre Ziele an.

Since its inauguration in 1994 the Zentraler Omnibus Bahnhof (ZOB, central bus terminal) has been the hub of Reutlingen's public transport system. From here thousands of passengers reach their destinations every day.

Les lignes de bus de Reutlingen convergent à la gare routière (ZOB) depuis l'inauguration de celle-ci en 1994. Elle est quotidiennement empruntée par des milliers de voyageurs.

Stadthalle

Die im Januar 2013 der Öffentlichkeit übergebene Stadthalle steht auf dem geschichtsträchtigen Bruderhaus-Areal und liegt direkt am ZOB, der Echaz und dem Tübinger Tor vor der Reutlinger Altstadt.
Die Halle wurde nach einem Entwurf des Schweizer Architekten Max Dudler in Anlehnung an den neoklassizistischen Baustil, „funktionell und zeitlos“ erbaut. Ein geometrisch stringent bepflanzter Bürgerpark mit japanischen Schnurbäumen ist teilweise bereits angelegt.

The municipal hall is located on the historical Bruderhaus (Brothers' House) site and situated outside the historic centre right next to the ZOB, the Echaz river and the Tübingen Gate. It was built in the Neo-Classical style, 'functional and time-less' after plans of Swiss architect Max Dudler and opened for the public in January 2013. A park with strictly geometrical plantings and Japanese Pagoda Trees has partly been finished.

Inauguré en janvier 2013, le palais des congrès se dresse sur le site riche en histoire de la Bruderhaus, tout près de la gare routière, l'Echaz et la porte de Tübingen à l'entrée de la vieille ville. Le palais des congrès a été construit d'après des plans de l'architecte suisse Max Dudler, dans un style «fonctionnel et intemporel» inspiré de celui du néoclassicisme. Un parc aux lignes géométriques planté de sophoras du Japon est en cours d'aménagement.

Gerberwehr

Am Zentralen Omnibus Bahnhof an der Echaz liegt das Gerberwehr, an dem in der Hochzeit der Gerber und Färber Felle und Häute gewaschen und getrocknet wurden. Seit 1999 wird an dieser Stelle der Fluss zur Energiegewinnung durch ein Wasserkraftwerk genutzt.

Located near the Central Bus Terminal on the Echaz is the Gerberwehr (Tanners' Weir) where, during the high time of tanning and dying, pelts and hides were washed and dried. Since 1999 this place on the river has been used for the production of energy in a hydroelectric plant.

À la gare routière des bords de l'Echaz se trouve le barrage où les peaux étaient lavées et séchées à la grande époque des tanneries et des teintureries. Un barrage hydroélectrique y produit de l'électricité depuis 1999.

Zigeunerhäusle

An der Rückseite des Wehrs liegt das frühere Gerberhaus, in dem unter anderem bis zum Zweiten Weltkrieg Sinti und Roma untergebracht waren. Heute erinnert eine Gedenktafel an diese Zeit.

At the back of the weir lies the former Gerberhaus (Tanners' House), where a family of Sinti and Roma lived until they were deported during the war. Today, a memorial plaque commemorates the event.

Derrière le barrage se trouve une ancienne maison de tanneurs dans laquelle une famille de Sinti a habité jusqu'à la Seconde Guerre mondiale. Une plaque rappelle le souvenir de cette époque.

Friedhof Unter den Linden mit Katharinenkirche

Dort, wo die erste Siedlung mit dem Namen „Rutelingen“ nachgewiesen wurde, befindet sich Reutlingens ältester Friedhof mit Katharinenkirche. Diese wurde zwischen 1887 und 1890 von Baurat Heinrich Dolmetsch als evangelische Kirche im neugotischen Stil gebaut. Einer der Eingänge zum Friedhof unter den Linden wird liebevoll das „Totentörle“ genannt (Foto unten).

Là où ont été découvertes les traces du premier village de «Rutelingen» se trouve le plus ancien cimetière de Reutlingen et l'église Sainte-Catherine, une église protestante de style néogothique construite par l'architecte Heinrich Dolmetsch en 1887/1890. «Totentörle» est le petit nom affectueux donné à l'une des entrées du cimetière (photo ci-dessous).

The spot where evidence places the earliest settlement 'Rutelingen' is now occupied by Reutlingen's oldest cemetery and St Catherine's church, which was built between 1887 and 1890 by architect (Baurat) Heinrich Dometsch as a protestant church in the Neo-Gothic style. One of the entrances to the cemetery is fondly called 'Totentörle'(Dead Man's Wicket/see picture below).

Mittendrin – In der Altstadt

Right in the Middle – in the Historic Centre

La vieille ville

Tübinger Tor

Durch das einzige erhaltene Haupttor der mittelalterlichen Befestigungsanlage, welches Mitte des 13. Jahrhunderts entstand, geht es in die reizvolle Altstadt. Um 1330 wurde das Tübinger Tor um einen Fachwerkaufbau erweitert. Dort oben wohnte in mittelalterlicher Zeit der Türmer, dessen Aufgabe es war, Gefahren für die Stadt, vor allem Brandherde, zu melden.

Passing through the main gate of the medieval fortification, the only remaining one, we enter the charming historic centre. The Tübingen gate was built in the middle of the 13th century and extended around 1330 with a timber-frame superstructure. In the Middle Ages a watchman lived up there, and it was his job to alert people to possible dangers for the city, above all to fires.

La seule porte principale encore conservée des remparts date du milieu du 13e siècle. Vers 1330, une construction à colombages a été rajoutée à la porte de Tübingen. Au Moyen Âge, elle abritait à son sommet le domicile du veilleur de nuit dont la mission était de signaler les dangers pouvant menacer la ville, en premier lieu les foyers d'incendie.

Spitalhof

Das zu Beginn des 13. Jahrhunderts errichtete Spital war im Mittelalter eine Krankenanstalt, später hauptsächlich Altenheim der bürgerlichen Oberschicht. Der Spitalhof mit Zugängen von der Metzgerstraße und vom Marktplatz dient heute schulischen Einrichtungen und bietet einen hübschen Rahmen für kulturelle Veranstaltungen.

Built in the early 13th century, the Spital was a hospital during the Middle Ages. Later on it was mainly used as a nursing home for old people from the upper classes of the bourgeoisie. Today, the Spitalhof (Hospital Yard) with entrances from Metzgerstraße (Butcher Street) and Marktplatz (Market Square) is used by schools and serves as an attractive venue for cultural events.

Ce bâtiment édifié au début du 13e siècle a d'abord été un hospice avant de devenir plus tard une maison de retraite principalement réservée à la bourgeoisie. L'ancien hospice, auquel on accède par la rue Metzgerstrasse et par la place du Marché, abrite aujourd'hui des institutions scolaires et prête son joli cadre à des manifestations culturelles.

Markt- oder Maximilianbrunnen

Auf dem Marktplatz, vor dem Spital, steht der 1570 von Leonhard Baumhauer geschaffene und 1901 von Carl Lindenberger erneuerte Marktbrunnen. Kaiser Maximilian II., der 1576 die zünftisch-demokratische Verfassung der Reichsstadt restituierte, wurde der Brunnen gewidmet.

The market fountain, created in 1570 by Leonhard Baumhauer and rebuilt in 1901 by Carl Lindenberger, is located in the market square, in front of the Spital (hospital). It is dedicated to Emperor Maximilian II, who re-instituted the guild-centred democratic constitution of the Imperial City.

Devant l'ancien hospice de la place du Marché se dresse la fontaine bâtie par Leonhard Bernhauer en 1570 et rénovée par Carl Lindenberg en 1901. Elle est dédiée à l'empereur Maximilien II qui avait restitué sa constitution démocratique et corporative à la ville en 1576.

Marktplatz

Der Marktplatz ist seit 1180, als Reutlingen vom Stauferkaiser Friedrich I. Barbarossa das Marktrecht erteilt wurde, Mittelpunkt der Altstadt. Der weit über die Stadtgrenzen hinaus bekannte Markt bietet neben kulinarischen Köstlichkeiten Raum für Begegnungen und Gespräche.
Links im Bild, vor dem Rathaus, ist die eindrucksvolle Plastik „Stadtzeichen 1972/86" von Otto Hajek zu sehen, die den Markplatz seit 1987 ziert und erst kürzlich aufwendig saniert wurde. Die Stahlplastik, die 4,6 Tonnen wiegt, gehört zu den Kunstwerken im öffentlichen Raum.

Since 1180 when Reutlingen was given market rights by emperor Frederick I Barbarossa, the market square has been the centre of the historic town. Well-known beyond the city boundaries, the market provides not only culinary delights, but also opportunities for meetings where people chat. On the left of the picture, in front of the city hall Otto Hajek's impressive sculpture 'Stadtzeichen 1972/86' (city sign 1972/86) can be seen, which has decorated the market square since 1987 and was rehabilitated only recently at great cost. The 4.6 ton steel sculpture is an art highlight in public space.

La place du Marché est le cœur de la vieille ville depuis que l'empereur Frédéric Barberousse a, en 1180, accordé à Reutlingen le droit d'avoir un marché. Celui-ci est connu bien au-delà des limites de la ville et on y trouve non seulement des choses délicieuses à manger mais aussi des occasions de se rencontrer et de discuter. L'impressionnant «Stadtzeichen 1972/1986» d'Otto Hajek se dresse depuis 1987 devant la mairie. Cette œuvre d'art public en acier de 4,6 tonnes vient juste d'être restaurée à grands frais.

Rathaus

Das von den Stuttgarter Architekten Prof. Tiedje und Dipl.-Ing. Volz entworfene Betongebäude wurde im Zentrum der Altstadt als Rathauskomplex mit zwei Verwaltungstrakten und einem Ratsgebäude konzipiert und 1966 eingeweiht. Auf dem oberen Bild ist das Ratsgebäude, auf dem unteren Bild der Haupteingang zu den Verwaltungstrakten zu sehen. Ein gläserner Steg verbindet die Gebäude. Von der Terrasse des Bistros im Ratsgebäude haben die Gäste einen neugierigen Ausblick auf das Geschehen am Marktplatz, mit Marktbrunnen und Spital als Kulisse.

This complex of concrete buildings at the centre of the historic town was designed by Stuttgart architects Prof. Tiedje and Dipl. Ing. Volz for the city council. It consists of two administration sections and the council building and was inaugurated in 1966. The top picture shows the council building, the bottom one the main entrance to the administration sections. The buildings are connected by a glass covered footbridge. Sitting on the bistro-terrace of the council building visitors have a good view of what is going on in the market square against the backdrop of the market fountain and Spital.

Inaugurée en 1966, la mairie en béton de Tiedje et Volz, deux architectes de Stuttgart, est située au centre de la vieille ville et composée de deux tracts administratifs et du bâtiment du Conseil (photo ci-dessus). Une passerelle en verre relie les bâtiments. De la terrasse du café de la mairie, on peut voir tout ce qui se passe sur la place du Marché, avec la fontaine du Marché et l'Hospice pour décor.

Heimatmuseum

Das historische Museum der Stadt Reutlingen zeigt im ehemaligen Pfleghof, der dem Kloster Königsbronn gehörte, neben Exponaten zur Stadtgeschichte des 13. bis 20. Jahrhunderts eine original Weingärtner-Zunftstube, eine Kapelle aus der Reformationszeit und einen Luftschutzkeller aus dem Zweiten Weltkrieg.

Inside the former Pfleghof (a sort of agricultural building and tithe barn) of the Königsbronn abbey, Reutlingen's local history museum not only displays exhibits illustrating the city's history from the 13th to the 20th century, but also an original vintners' guild room, a chapel from Reformation times and a bomb-shelter from World War II.

Le musée d'Histoire régionale de Reutlingen est situé dans un ancien bâtiment administratif du monastère de Königsbronn. Là sont exposés des objets allant du 13e au 20e siècle ainsi qu'une salle originale de la corporation des vignerons, une chapelle de l'époque de la Réforme et un abri antiaérien de la Seconde Guerre mondiale.

Heimatmuseumsgarten

Der gern besuchte Garten des Heimatmuseums wirkt wie eine stille grüne Oase mitten in der Altstadt.

The attractive garden of the local history museum seems like a peaceful green oasis at the centre of the historic town.

Un havre de verdure au cœur de la vieille ville: le jardin du musée d'Histoire régionale attire bien des visiteurs.

VHS, Spendhaus und Stadtbibliothek

Beim Blick in die Spendhausstraße sieht man im Hintergrund das Gebäude der Volkshochschule Reutlingen. Im Fachwerkhaus davor, das 1518 als Fruchtkasten der Spendenpflege errichtet wurde, befindet sich seit 1989 das Städtische Kunstmuseum. Im Vordergrund steht die 1985 eingeweihte Stadtbibliothek.

This view along Spendhausstraße shows the building of the Reutlingen Volkshochschule (adult education centre) in the background. The timber-frame building in front of it was built in 1518 as the storehouse of for the local charity. In 1989 it was given over to the Städtisches Kunstmuseum (city art museum). The building in the foreground holds the public library and was inaugurated in 1985.

La rue Spendhausstrasse avec le bâtiment de l'université populaire de Reutlingen à l'arrière-plan. La maison à colombages édifiée comme entrepôt en 1518 abrite le musée des Beaux-Arts depuis 1989. Au premier plan se trouve la bibliothèque municipale inaugurée en 1985.

Marchtaler Hof

Der Marchtaler Hof in der Oberamteistraße ist ein ehemaliger Pfleghof des gleichnamigen Klosters. In dem verschachtelten Gebäude, das mehrere Baustile vereint, ist die 1247 erstmals erwähnte Marienkapelle integriert. Seit 1886 befindet sich im Marchtaler Hof der Sitz der Freimaurerloge und seit 1971 auch der Sitz der Druidenloge.

Marchtaler Hof in Oberamteistraße is the former set of farm buildings of Marchtal abbey. Integrated into the rambling building which unites several architectural styles, is St Mary's chapel, which was first mentioned in 1247. Since 1886 Marchtaler Hof has been the seat of a freemasons' lodge and since 1971 also of a druids' lodge.

Le Marchtaler Hof de l'Oberamteistrasse est l'ancien bâtiment administratif du monastère du même nom. À cet ensemble de style hétérogène est intégrée la chapelle Sainte-Marie pour la première fois mentionnée en 1247. Le bâtiment abrite depuis 1886 le siège de la loge maçonnique et depuis 1971 celui de la loge druidique.

Friedrich-List-Gymnasium

Im ehemaligen Barfüßerkloster lernen heute die Schüler des Friedrich-List-Gymnasiums. Im Innenbereich, dem Schwörhof, kam vom 14. Jahrhundert bis 1802 alljährlich die Bürgerschaft zusammen um den Schwörtag, das zentrale politische Ereignis, zu begehen. 2005 ist diese Tradition in Reutlingen wiederbelebt worden (vgl. Foto unten).

In the former convent of the discalced friars the students of the Friedrich-List-Gymnasium (secondary school) are taught today. Every year from the 14th century until 1802, the citizens of Reutlingen used to assemble in the inner yard, the Schwörhof (oath yard), to celebrate Schwörtag (oath day), the swearing in of the newly elected mayor. The traditional festival was revived in 2005 (see picture below).

L'ancien monastère des Capucins accueille aujourd'hui les élèves du lycée Friedrich-List. À l'intérieur se trouve la «cour du serment» dans laquelle – du 14e siècle à 1802 – les citoyens se réunissaient chaque année pour célébrer un événement politique majeur: le Schwörtag. En 2005, cette tradition a été ressuscitée à Reutlingen (photo ci-dessous).

Eisturm

Der Eisturm war einer der Wehrtürme der ehemaligen Stadtbefestigung. Nach dem Abbruch der Stadtmauer verlor der Turm seinen militärischen Zweck und wurde zwischen 1877 und 1906 als städtischer Eiskeller genutzt.

The ice tower was one of the defence towers of the old city fortification. After the demolition of the city wall the tower lost its military purpose and, from 1877 to 1906, was used as a municipal ice house.

La tour glacière faisait partie des fortifications de la ville. Après la démolition des remparts, elle a perdu sa fonction militaire et servi de glacière municipale de 1877 à 1906.

Stadtmauerhäuser

Entlang der Jos-Weiß-Straße ist ein kleiner Teil der Stadtmauer mit den im 18. Jahrhundert zum Teil auch in den Zwinger hineingebauten Stadtmauerhäusern erhalten geblieben. Mit viel Liebe und privatem Einsatz wieder hergerichtet, wurde dieser Bereich der Reutlinger Altstadt zu einem ganz besonderen Schmuckstück.

Alongside Jos-Weiß-Straße a small part of the city wall survived together with the 'city wall houses' from the 18th century, which were partly built into the bailey. Renovated with much private commitment and love for detail, this part of Reutlingen's old town has become a proper jewel.

Une petite partie des remparts – avec les maisons qui y avait été construites au 18e siècle – a été conservée le long de la rue Jos-Weiss. Elle a été restaurée avec amour et est maintenant, grâce aussi à l'investissement des habitants, l'un des joyaux de la vieille ville.

Zeughausturm

Auch der Zeughausturm war ein Wehrturm der alten Befestigungsanlage. Er wurde im 16. Jahrhundert erbaut. Links vom Turm war das Zeughaus, in dem während der Reichsstadtzeit das Waffen- und Geschützarsenal untergebracht war.

Zeughausturm (armory tower) was a part of the ancient fortification. It was built during the 16th century. To the left of the tower used to be the armory where, during Imperial City times, cannons and other arms were stored.

Construite au 16e siècle, la tour de l'Arsenal faisait elle aussi partie des anciennes fortifications. À sa gauche se trouvait l'arsenal dans lequel étaient entreposées armes et munitions à l'époque où Reutlingen était ville d'Empire.

Engste Straße der Welt

Als Reutlingen nach dem verheerenden Stadtbrand 1726 wiederaufgebaut wurde, beließ man aus Platzmangel innerhalb der Stadtmauer nur schmale Durchgangsgassen zwischen den Häusern. Damals hätte wohl niemand vermutet, dass die Spreuerhofstraße deshalb 2007 mit einem Eintrag ins Guinessbuch der Rekorde weltbekannt wird. Die engste Straße der Welt misst an der schmalsten Stelle gerade einmal 31 Zentimeter.

When Reutlingen was rebuilt after the disastrous fire of 1726, the shortage of space within the city walls was such that only narrow alleyways were left between the houses. At that time nobody had an inkling that in 2007 Spreuerhofstraße would gain worldwide fame with an entry in the Guiness Book of Records. The world's narrowest street measures just 31 cm across at its narrowest point.

Lors de la reconstruction de Reutlingen à la suite de l'incendie dévastateur de 1726, le manque de place à l'intérieur des remparts n'a permis que la construction de passages étroits. Personne ne se serait douté à l'époque que son inscription en 2007 dans le livre Guiness des records aurait rendu la Spreuerhofstrasse célèbre dans le monde entier. Elle ne mesure que 31 cm à l'endroit le plus étroit.

Planie

Im beliebten Wohngebiet der Altstadt, der Oststadt, liegt die im 19. Jahrhundert auf dem 1836 zugeschütteten und planierten Gänseweiher errichtete Kastanien- und Lindenallee. Die Planie quert als grünes Band von der Gartenstraße über die Kaiserstraße und Bismarckstraße und lädt zum Flanieren ein. Von der Charlottenstraße aus mündet sie in den 1902 von Dr. Eduard Lucas angelegten Stadtgarten. An der Gartenstraße steht das Hermann-Kurz-Denkmal, das für den 1813 in Reutlingen geborenen Schriftsteller errichtet wurde.

This avenue of chestnut and lime trees can be found in the Oststadt (East district), the most popular residential area of the historic city. It was created in 1836 on the levelled site of a filled in goose pond. The 'Planie' traverses the town like a green ribbon from Gartenstraße across Kaiserstraße and Bismarckstraße, inviting visitors for a leisurely walk. From Charlottenstraße it leads to the Stadtgarten (city park), created in 1902 by Dr Eduard Lucas. Located at the mouth of Gartenstraße is the monument for Hermann Kurz, an author who was born in Reutlingen in 1813.

Cette allée de marronniers et de tilleuls aménagée au 19e siècle, à l'ancien emplacement de l'étang aux oies comblé en 1836, se trouve dans un quartier prisé de l'est de la vieille ville. Le ruban vert de la Planie va de la rue Gartenstrasse à la rue Bismarck en passant par la rue Kaiserstrasse et invite à la flânerie. À hauteur de la rue Charlotte, elle débouche sur le parc aménagé par Eduard Lucas en 1902. En bordure de la rue Gartenstrasse se dresse le buste de Hermann Kurz, un écrivain né à Reutlingen en 1813.

Technikum

In den prägnanten und weitläufigen Gebäuden der ehemaligen Fachschule für Textiltechnik, dem Technikum in der Kaiserstraße am Leonhardsplatz, befindet sich seit 1992 die Polizeidirektion Reutlingen.

This striking and spacious building, the Technikum, has been occupied by the Reutlingen police department since 1992. It was formerly the School of Textile Technology.

Les vastes bâtiments de l'ancienne école d'ingénieurs du textile situés rue Kaiserstrasse en bordure de la place Leonhard abritent depuis 1992 la direction de la police de Reutlingen.

Landratsamt

Das Gebäude Bismarckstraße, Ecke Aulberstraße in der Oststadt beherbergt seit 1938 das Landratsamt. Es wurde nach Plänen des Bezirksbauinspektors Friedrich Kempter zwischen 1903 und 1905 als Regierungsgebäude für den Regierungsbezirk Schwarzwaldkreis im Stil der Neurenaissance erbaut.

The building on the corner of Bismarckstraße and Aulberstraße in the East district has accommodated the Landratsamt (District Office) since 1938. It was built between 1903 and 1905 in the Neo-Renaissance style for the administration of the Schwarzwaldkreis (Black Forest district) according to plans of district building inspector Friedrich Kempter.

La sous-préfecture est installée depuis 1938 rue Bismarck, à l'angle de la rue Aulber. Ce bâtiment néo-Renaissance a été édifié entre 1903 et 1905 comme siège du gouvernement du district de l'arrondissement de Forêt-Noire, sur des plans de Friedrich Kempter.

Verbandshaus Südwestmetall

Das Büro Allmann Sattler Wappner Architekten aus München hat das 2002 fertiggestellte Gebäude der Südwestmetall Bezirksgruppe Reutlingen entworfen. Volumen und Formensprache greifen die Architektur der Häuser in der direkten Umgebung auf. Alle sichtbaren Oberflächen der Fassaden und Dächer des Gebäudes wurden mit unterschiedlich verarbeiteten Edelstahlblechen gestaltet.

The office of Munich architects Allmann Sattler Wappner designed the building of the Reutlingen department of Südwestmetall (an association for the metal and electrical industries in Baden-Württemberg). Size and shape are in accordance with other buildings in the vicinity. All visible surfaces of the façades and roofs, however, are clad with stainless steel plating, treated in a variety of ways.

On doit le bâtiment de l'organisation patronale Südwestmetall de Reutlingen terminé en 2002 au bureau d'architectes munichois Allmann Sattler Wappner. Volumes et langage des formes reprennent l'architecture des bâtiments environnants. Toutes les surfaces visibles des façades et des toits ont été recouvertes de différents types de tôles inoxydables.

St. Wolfgangkirche

Nur wenige hundert Meter vom Reutlinger Gebäude des Arbeitgeberverbandes Südwestmetall entfernt, im unteren Bereich der Bismarckstraße, befindet sich die im Oktober 1910 geweihte St. Wolfgangkirche. Sie war die erste katholische Kirche in Reutlingen.

Only a few hundred metres from the building of the Südwestmetall employers' association, in the lower part of Bismarckstraße, lies St Wolfgang's church, which was consecrated in October 1910. It was the first Catholic church in Reutlingen.

À seulement quelques centaines de mètres du bâtiment de Südwestmetall, dans la partie inférieure de la rue Bismark, se dresse l'église Saint-Wolfgang qui a été consacrée en octobre 1910. C'était la première église catholique de Reutlingen.

Untere Wilhelmstraße

Seit der Stadtgründung ist die Wilhelmstraße als längste Straße des alten Stadtkerns die Hauptstraße Reutlingens und seit dem 19. Jahrhundert auch die Hauptgeschäftsstraße. Heute Fußgängerzone, ist die im allgemeinen Sprachgebrauch als Obere und Untere Wilhelmstraße bezeichnete Straße mit ihren attraktiven Geschäften ein Besuchermagnet und lädt zum Bummeln ein.

Since the city's foundation Wilhelmstraße has been the longest and the main street of the old city centre and, from the 19th century onwards, also the main shopping street. Today, the pedestrian precinct, commonly divided into Obere (upper) and Untere (lower) Wilhelmstraße, with its attractive shops is a visitors' magnet and a pleasant place to stroll around.

Depuis la fondation de Reutlingen, la Wilhelmstrasse est la plus longue rue du vieux centre-ville. Depuis le 19e siècle, la principale artère de la ville en est aussi la principale rue commerçante. La rue Wilhelm – rue «Haute» et rue «Basse» – est aujourd'hui une zone piétonne aux magasins attrayants dans laquelle il fait bon flâner.

Nikolaikirche

In der Unteren Wilhelmstraße steht die 1358 als Kapelle geweihte Nikolaikirche. Die Stadt stellte sie der 1823 neu gegründeten und wachsenden katholischen Gemeinde im 19. Jahrhundert zur Verfügung. Seit 2007 ist die Nikolaikirche als Citykirche – Café Nikolai ein gern besuchtes Café, in dem Menschen mit Behinderungen arbeiten.

Nikolaikirche (St Nikolas's church), which was consecrated as a chapel in 1358, is situated on Untere Wilhelmstraße. In the 19th century it was placed at the disposal of the growing Catholic parish that had been newly founded in 1823. Since 2007 the Nikolaikirche, as city church-café Nikolai, has been a popular café where handicapped people work.

Dans la partie basse de la rue Wilhelmstrasse se dresse l'église Saint-Nicolas consacrée en 1358. Au 19e siècle, la ville l'a mise à la disposition de la communauté catholique grandissante fondée en 1823. La «Citykirche» abrite depuis 2007 un café apprécié où travaillent des personnes handicapées.

Der Gerber- und Färberbrunnen

Der Gerber- und Färberbrunnen vor der Nikolaikirche wurde 1921 anstelle des Löwenbrunnens von Josef Zeitler errichtet. Reutlingen wurde mit seiner Gerberindustrie und der Gerberschule weltweit bekannt als Cathedral of Tanners, die Hochburg der Gerber. Bis zur Schließung des Lederinstitutes 2011 fand für deren Absolventen in diesem Brunnen die Zeremonie der „Gerbertaufe" statt.

In 1921, the tanners' and dyers' fountain was constructed on the site of the former lion fountain by Josef Zeitler. With its tanning industry and tanners' technical college Reutlingen became known worldwide as the Cathedral of Tanners. Until the closing of the Leather Institute in 2011, the tanners' baptism for new graduates was conducted in the fountain.

La fontaine des Tanneurs et des Teinturiers de Josef Zeitler se dresse depuis 1921 devant l'église Saint-Nicolas en remplacement de la fontaine au Lion. Reutlingen est connu dans le monde entier comme un haut-lieu de la tannerie. Jusqu'à la fermeture de l'institut du cuir en 2011, c'est à cette fontaine qu'était célébré le «baptême» des nouveaux tanneurs.

Marktplatz

Am Übergang von der Unteren zur Oberen Wilhelmstraße kommt man wieder am Marktplatz vorbei. Hier mit Blick Richtung Marienkirche und Obere Wilhelmstraße.

At the point where Untere (lower) becomes Obere (upper) Wilhelmstraße one passes the Marktplatz (market square) again. This is a view in the direction of Marienkirche (St Mary's) and Obere Wilhelmstraße.

Les deux parties de la rue Wilhelmstrasse se rejoignent place du Marché. Vue sur la rue «Haute» et l'église Sainte-Marie.

Gartentor

Das Gartentor wurde erstmals 1392 als Neues Tor erwähnt. Bis 1700 war es ein verschlossen gehaltenes Nebentor und diente zeitweise als Gefängnis. Von den vier großen Tortürmen der Stadt blieben nur das Gartentor und das Tübinger Tor erhalten. Auf dem Foto sieht man im Vordergrund die Metzgerstraße aus Richtung Wilhelmstraße.

The Gartentor (Garden Gate) was first mentioned in 1392 as New Gate. Until 1700 it was a secondary gate, which was kept shut and was sometimes used as a prison. Out of the four tall gate towers only Gartentor and Tübinger Tor remain. The photograph was taken from Wilhelmstraße and shows Metzgerstraße in the foreground.

Cette porte a été mentionnée pour la première fois en 1392, sous le nom de Porte Neuve. Elle est restée toujours fermée jusqu'en 1700 et a par moments servi de prison. Des quatre grandes portes de la ville, seules ont été conservées celle du Jardin et celle de Tübingen. Au premier plan, on voit la Metzgerstrasse venant de la Wilhelmstrasse.

Die Marienkirche: Das Wahrzeichen

Die von 1247 bis 1343 als gotische Basilika erbaute Marienkirche ist eines der Wahrzeichen Reutlingens und seit 1988 Nationales Kulturdenkmal. Ein vergoldeter Engel thront auf dem über 70 Meter hohen Kirchturm. Nach der Zerstörung durch den Großen Stadtbrand konnte die Marienkirche nur notdürftig wieder hergestellt werden. Erst zwischen 1893 und 1901 wurde sie von Heinrich Dolmetsch grundlegend renoviert. Weitere mehrjährige Renovierungsarbeiten am Turmhelm und dem goldenen Engel wurden 2010 abgeschlossen.

Marienkirche (St Mary's) is a Gothic basilica built from 1247 to 1343. It is a landmark of Reutlingen and was declared a national cultural monument in 1988. A gold plated angel stands on top of the 70-metre tower. After its destruction in the great city fire St Mary's could only be repaired in a rough and ready manner. It was properly and thoroughly renovated much later, from 1893 to 1901 by Heinrich Dolmetsch. Additional renovation work on the spire and the golden angel took several years and was finally completed in 2010.

Classée monument historique en 1988, cette basilique gothique construite de 1247 à 1343 est l'un des emblèmes de Reutlingen. Sa tour de 70 m est surmontée d'un ange doré. Après sa destruction lors du Grand incendie, elle n'a été que sommairement restaurée. C'est seulement entre 1893 et 1901 qu'elle a été rénovée à fond par Heinrich Dolmetsch. La restauration de la flèche et de l'ange doré a duré plusieurs années et s'est achevée en 2010.

Portal und Taufstein

Blick auf das Hauptportal der Marienkirche von der Wilhelmstraße aus. Die Säulen des achtseitigen spätgotischen Taufsteines von 1499 tragen kleine Apostelfiguren. In den Nischen sind die sieben Sakramente und die Taufe Christi szenisch dargestellt.

View from Wilhelmstraße at the main gate of St Mary's. The pillars of the octagonal late Gothic baptismal font from 1499 support small figures of the apostles. The recesses display scenes from the seven sacraments and the baptism of Christ.

Portail principal de Sainte-Marie vu de la Wilhelmstrasse. Les colonnes octogonales des fonts baptismaux gothiques de 1499 sont surmontées de petites statues des apôtres. Dans les niches sont représentés les sept sacrements et le baptême du Christ.

Naturkundemuseum

Seit 1998 präsentiert das Naturkundemuseum Reutlingen seine umfangreichen Sammlungen in einer Dauerausstellung über vier Etagen. Das modern restaurierte Fachwerkhaus befindet sich gegenüber der Marienkirche.

Since 1998 the Naturkundemuseum (Natural History Museum) has been displaying its extensive collections in a permanent exhibition on four floors. The modernized timber-frame building is situated opposite Marienkirche (St Mary's).

Depuis 1998, le musée d'Histoire naturelle de Reutlingen présente ses vastes collections dans une exposition permanente répartie sur quatre étages. Ce bâtiment à colombages se trouve en face de l'église Sainte-Marie.

Kirchbrunnen

Direkt neben der Marienkirche steht der von Hans Motz um 1561 errichtete Kirchbrunnen mit einer Darstellung des Stauferkaisers Friedrich II. Im Jahr 1903 wurde die Statue erneuert.

Right next to Marienkirche (St Mary's) is the Kirchbrunnen (church fountain) constructed by Hans Motz in 1561. The statue of Frederick II of Hohenstaufen was renovated in 1903.

Tout à côté de l'église Sainte-Marie se dresse la fontaine édifiée par Hans Motz en 1561. Elle représente l'empereur Frédéric II de Hohenstaufen. La statue a été rénovée en 1903.

Oberamteistraße

Blick von der Oberamteistraße auf den Turm der Marienkirche. Für Sonnenhungrige und Kaffeegenießer gibt es in dieser Straße viele nette Gelegenheiten einzukehren.

View from Oberamteistraße at the tower of Marienkirche (St Mary's). For sunbathers and connoisseurs of coffee alike this street offers many opportunities to take a break.

La tour de l'église Sainte-Marie vue de l'Oberamteistrasse, rue dans laquelle les amateurs de soleil et de café ne manquent pas d'occasions de s'arrêter.

Zunftbrunnen

Der 1983 von Bonifatius Stirnberg erbaute Zunftbrunnen aus Bronze liegt an der Ecke Wilhelmstraße/Oberamteistraße, ganz in der Nähe der Marienkirche. Die drehbaren Kleinskulpturen stellen die damaligen zwölf Handwerkszünfte dar.

In 1983 the bronze Zunftbrunnen (Guild Fountain) was erected by Bonifatius Stirnberg at the corner of Wilhelmstraße and Oberamteistraße, in the immediate vicinity of Marienkirche (St Mary's). The small rotatable figures represent the twelve craftsmen's guilds of the time.

La fontaine de bronze édifiée en 1983 par Bonifatius Stirnberg se trouve à l'angle des rues Wilhelmstrasse et Oberamteistrasse, tout près de l'église Sainte-Marie. Les petites sculptures rotatives représentent les douze anciennes corporations artisanales.

Nürtingerhofstraße

Die Nürtingerhofstraße führt vom Friedrich-List-Gymnasium zur Oberen Wilhelmstraße, vorbei an der Alten Kunstschmiede. Das Anwesen wurde zum ersten Mal 1745 im Steuerbuch der Tucherzunft erwähnt. Die Besitzer wechselten mehrmals, bis im Jahr 1898 der neue Besitzer eine Schlosserwerkstadt und Schmiede einrichtete, in der noch bis vor ein paar Jahren gearbeitet wurde.
Die Alte Kunstschmiede wurde 2010 renoviert und zu einem modernen Wohngebäude umgestaltet.

Nürtingerhofstraße leads from Friedrich-List-Gymnasium (secondary school) to Obere Wilhelmstraße, past the Alte Kunstschmiede (Old Smithy). This property was first mentioned in a tax record of the cloth makers' guild from 1745. It changed hands several times until in 1898 the new owner established a locksmith's shop and smithy, which remained active until a few years ago.
Alte Kunstschmiede was renovated in 2010 and rebuilt as a modern residential building.

La rue Nürtingerhofstrasse va du lycée Friedrich-List à l'Obere Wilhemstrasse, en passant devant la Vieille ferronnerie d'art. Cette propriété a été mentionnée pour la première fois dans le registre fiscal de la corporation des drapiers en 1745. Elle a plusieurs fois changé de propriétaire avant son acquisition en 1898 par un ferronnier qui y a installé un atelier de serrurerie et une forge qui ont fermé il y a seulement quelques années. La Vieille ferronnerie a été rénovée en 2010 et transformée en un immeuble d'habitation moderne.

Obere Wilhelmstraße

In der Oberen Wilhelmstraße laden vor allem die kleinen charmanten Einzelhandelsgeschäfte und netten Cafés zum Bummeln und Genießen ein. Das Foto rechts zeigt den 1544 von Hans Huber geschaffenen Lindenbrunnen, der 1954 in seiner ursprünglichen Form, allerdings nicht mehr als Ziehbrunnen, erneuert wurde.

In Obere (upper) Wilhelmstraße especially the small charming shops and pretty cafés tempt visitors to dawdle and enjoy their products. The picture on the right shows Hans Huber's Lindenbrunnen (lime tree fountain) from 1544, which was renovated in its original shape in 1954, but no longer operates as a draw well.

Il fait bon flâner rue Obere Wilhelmstrasse ou s'arrêter dans ses charmantes petites boutiques et ses jolis cafés. La photo à droite montre la fontaine du Tilleul créée par Hans Huber en 1544. Elle a retrouvé sa forme originale en 1954 mais il n'est depuis plus possible d'y puiser de l'eau.

Klein und fein

Das winzige, 1758 in der Oberen Wilhelmstraße erbaute Häuschen, beheimatete bis 2009 ein Bonbongeschäft mit nostalgischem Naschwerk. Heute weckt dort eine liebevolle Spielzeugauswahl Kindheitserinnerungen.

Until 2009 this tiny house, built 1758 in Obere (upper) Wilhelmstraße, was the home of a sweet shop selling nostalgic sweetmeats. Today, a careful selection of toys brings back childhood memories.

Cette minuscule maison – construite rue Obere Wilhelmstrasse en 1758 – a abrité jusqu'en 2009 une confiserie aux spécialités d'autrefois. On y trouve maintenant un magasin de jouets qui rappellent l'enfance.

Obere Wässere

Am Ende der Oberen Wilhelmstraße, flankiert von der Echaz, ist in den letzten Jahren auf dem Gelände einer ehemaligen Textilfabrik im Gebiet Obere Wässere ein neues Quartier entstanden. Es umfasst Wohn- und Geschäftsräume, Arztpraxen, Gastronomie und eine Markthalle, die auf 2000 Quadratmetern regionale und internationale Spezialitäten anbietet.

On the site of a former textile factory at the end of Obere (upper) Wilhelmstraße a new quarter bordered by the Echaz river has been developed. It comprises residential and commercial space, medical practices, restaurants and a covered market of 2,000 square metres, where regional and international specialities are on offer.

Au bout de l'Obere Wilhelmstrasse est apparu ces dernières années un nouveau quartier, longé par l'Echaz,sur le site d'une ancienne usine textile d' Obere Wässere. Il est composé de logements et de bureaux, de cabinets médicaux, de restaurants et d'une halle de marché de 2000 m^2 où l'on trouve des spécialités régionales et internationales.

Echaz

Reutlingen liegt an der Echaz, die unterhalb des Schlosses Lichtenstein entspringt und in den Neckar mündet. Früher wurde die Echaz hauptsächlich von der Gerber- und Färberindustrie, den Mühlen und Sägewerken genutzt; die Farbe des Flusses änderte sich je nach benutztem Farbstoff. Zur Landesgartenschau 1984 wurde die Echaz renaturiert und hinter der Alten Feuerwache, entlang des Ufers, ein idyllischer Lehrpfad mit Tafeln zur Ökologie und Geologie des Flusses angelegt.

Reutlingen is situated on the Echaz river, which has its source below Lichtenstein castle and flows into the Neckar. Formerly, the Echaz was mainly used by the tanning and dyeing industry, mills and saw mills. The colour of the river changed with the dyestuffs used. For the Landesgartenschau (State Garden Show) in 1984 the Echaz was renatured and an idyllic nature trail was created starting at the back of Alte Feuerwache (old fire station) with information displays covering the ecology and geology of the river.

Reutlingen est située sur l'Echaz qui prend sa source au pied du château de Lichtenstein et se jette dans le Neckar. Autrefois, l'eau de l'Echaz était principalement utilisée par les tanneries et les teintureries, les moulins et les scieries. La couleur de la rivière changeait au gré des colorants utilisés. L'Echaz a été renaturée à l'occasion des Floralies du Land de 1984 et un très joli sentier pédagogique a été aménagé sur sa rive, derrière la Vieille caserne de pompiers.

Altes Gerberhaus

Das frühere Gerberhaus auf der Echazinsel ist ein Überbleibsel des Gerberviertels „Klein Venedig", welches in den 60er- und 70er-Jahren abgerissen wurde. Heute wird es als privater Wohnraum gern genutzt. Links im Hintergrund sieht man die Alte Feuerwache.

The former tanner's house on the Echaz island is a relic of the tanners' district 'Little Venice', which was demolished in the 60s and 70s. Today, people are keen to live here. In the background to the left is the Alte Feuerwache (Old Fire Station).

L'ancienne maison de tanneurs de l'île de l'Echaz est un vestige de la «Petite Venise», le quartier des tanneurs rasé dans les années 60 et 70. C'est aujourd'hui une maison d'habitation prisée. À l'arrière-plan à gauche, on voit la Vieille caserne de pompiers.

Alte Feuerwache

Das Feuerwehrgerätemagazin in der Lederstraße, an der Echaz, wird von den Reutlingern verschmitzt das Spritzenmagazin genannt. Es wurde 1898 eingeweiht und über die Jahre mehrfach umgebaut und erweitert. Die Feuerwehr verlagerte 2003 ihren Standort in den Stadtteil Betzingen. Das leer stehende Gebäude wurde 2011 komplett saniert und zu einem Wohn- und Geschäftshaus umgebaut.

The former fire station in Lederstraße (Leather Street) on the Echaz river is locally known as the Spritzenhaus ('Spritze' in German means both, 'hose' and 'syringe'). It was opened in 1898 and rebuilt and enlarged several times. In 2003, the fire fighters removed to Betzingen district. After that the building was completely refurbished and rebuilt as a residential and office building.

Inauguré en 1898, l'entrepôt de la caserne de pompiers de la Lederstrasse, au bord de l'Echaz, a été plusieurs fois transformé et agrandi au cours des années. La caserne a déménagé dans le quartier de Betzingen en 2003 et le bâtiment, qui est resté longtemps vide avant d'être complètement restauré en 2011, abrite maintenant appartements et commerces.

Kreiskrankenhaus

Blick auf den bis 2013 modernisierten und stetig erweiterten Kreiskrankenhaus-Komplex. Das Klinikum am Steinenberg mit rund 650 Betten deckt inzwischen nahezu alle medizinischen Bereiche ab und liegt recht zentral innerhalb des Reutlinger Stadtgebietes.

View of the recently modernised and steadily growing District Hospital complex. The hospital on Steinenberg with about 650 beds covers almost all areas of medicine and occupies a site near the centre of Reutlingen.

Vue du complexe hospitalier qui a été modernisé et continuellement agrandi jusqu'en 2013. L'hôpital du Steinenberg compte environ 650 lits et comprend les services de pratiquement toutes les spécialités médicales. Il est situé relativement près du centre de Reutlingen.

Historische Parkanlagen in der Stadt – Pomologie und Volkspark

Dr. Eduard Lucas gründete 1860 in Reutlingen ein Pomologisches Institut, eine Einrichtung zur Obstbaukunde, mit der angrenzenden Pomologie als Übungsgelände für seine Schüler. 1913 wurde das benachbarte Areal von der Stadt als Volkspark angelegt. Seit der Landesgartenschau 1984 haben die beiden Parkanlagen, mit Blick auf die Achalm, ihr heutiges Aussehen. Die Parks laden ein zu einer Atempause im Grünen und werden auch gern für zahlreiche Veranstaltungen genutzt.

In 1860, Dr Eduard Lucas founded an institute for Pomology, the study of fruit production, in Reutlingen with an adjoining practice orchard for his students. In 1913, the city developed the neighbouring property as a citizens' park. For the Landesgartenschau (State Garden Show) in 1984 both parks acquired their current appearance. With their restful atmosphere and the view of the Achalm mountain they are popular sites for numerous events.

En 1860, Eduard Lucas a fondé à Reutlingen un institut de pomologie avec site d'expérimentation attenant pour ses étudiants, la Pomologie. Le terrain voisin a été aménagé en parc public par la ville en 1913. Les deux parcs avec vue sur le mont Achalm ont leur aspect actuel depuis les Floralies du Land de 1984. Ils permettent de s'arrêter un instant dans la nature et servent également de cadre à de nombreuses manifestations.

Um die Altstadt

Achalm

Die Achalm galt schon immer als der Hausberg Reutlingens, auch wenn das Hochareal bis vor Kurzem in Privatbesitz war. 2009 konnte die Stadt die Achalm von dem Schäfer kaufen, in dessen Besitz der Berg seit 1950 war. Um den 707 Meter hohen Zeugenberg, der als Einzelberg, in diesem Fall von der Schwäbischen Alb, durch Erosionsvorgänge abgetrennt wurde, ranken sich viele Geschichten. Im 11. Jahrhundert erbauten die Grafen Egino und Rudolf von Achalm eine Burg, von der nur noch Mauerreste übrig geblieben sind. Von dem 18 Meter hohen Aussichtsturm bietet sich ein faszinierender Panoramablick.

Around the Historic Centre

Achalm has always been considered Reutlingen's own mountain, although its highland was private property until recently. In 2009, the city managed to purchase the Achalm from the shepherd who had owned the mountain since 1950. The 707-metre outlier mountain, which has been separated from the Swabian Jura by erosion, is surrounded by numerous stories. In the 11th century counts Egino and Rudolf of Achalm erected a fortress, of which only dilapidated walls remain. From the 18-metre observation tower visitors have a fascinating panoramic view.

Les alentours de la vieille ville

Le mont Achalm a toujours été associé à Reutlingen même s'il a été longtemps propriété privée. En 2009, la ville a pu acheter le mont au berger qui le possédait depuis 1950. Nombreuses sont les histoires tissées autour de cette butte-témoin isolée du Jura souabe par l'érosion. Au 11e siècle, les comtes Egino et Rudolf von Achalm y ont construit un château-fort dont il ne reste plus que des pans de muraille. Le panorama offert de la tour de 18 m est fascinant.

Reutlinger Weinberg

Am Südhang der Achalm unterhält die Stadt Reutlingen seit 1957 einen kleinen Weinberg. Die Trauben werden zu Premium-Sekt, Portugieser und Müller-Thurgau-Qualitätsweinen verarbeitet.

Since 1957, the city of Reutlingen has been operating a small vineyard on the south slope of the Achalm. The grapes are processed into premium champagne, quality wines of the Portugieser and Müller-Thurgau varieties.

Depuis 1957, la ville de Reutlingen entretient sur le flanc sud du mont Achalm un petit vignoble dont les cépages donnent du mousseux, du portugais bleu et du müller-thurgau de qualité.

Georgenberg

Gegenüber der Achalm liegt der 602 Meter hohe Georgenberg, der im Gegensatz zur Achalm kein Zeugenberg, sondern vulkanischen Ursprungs ist.

Opposite the Achalm is Georgenberg, 602 metres high and not an outlier of the Jura, but of volcanic origin.

En face du mont Achalm se dresse le Georgenberg. Ce mont de 602 m n'est pas une butte-témoin mais d'origine volcanique.

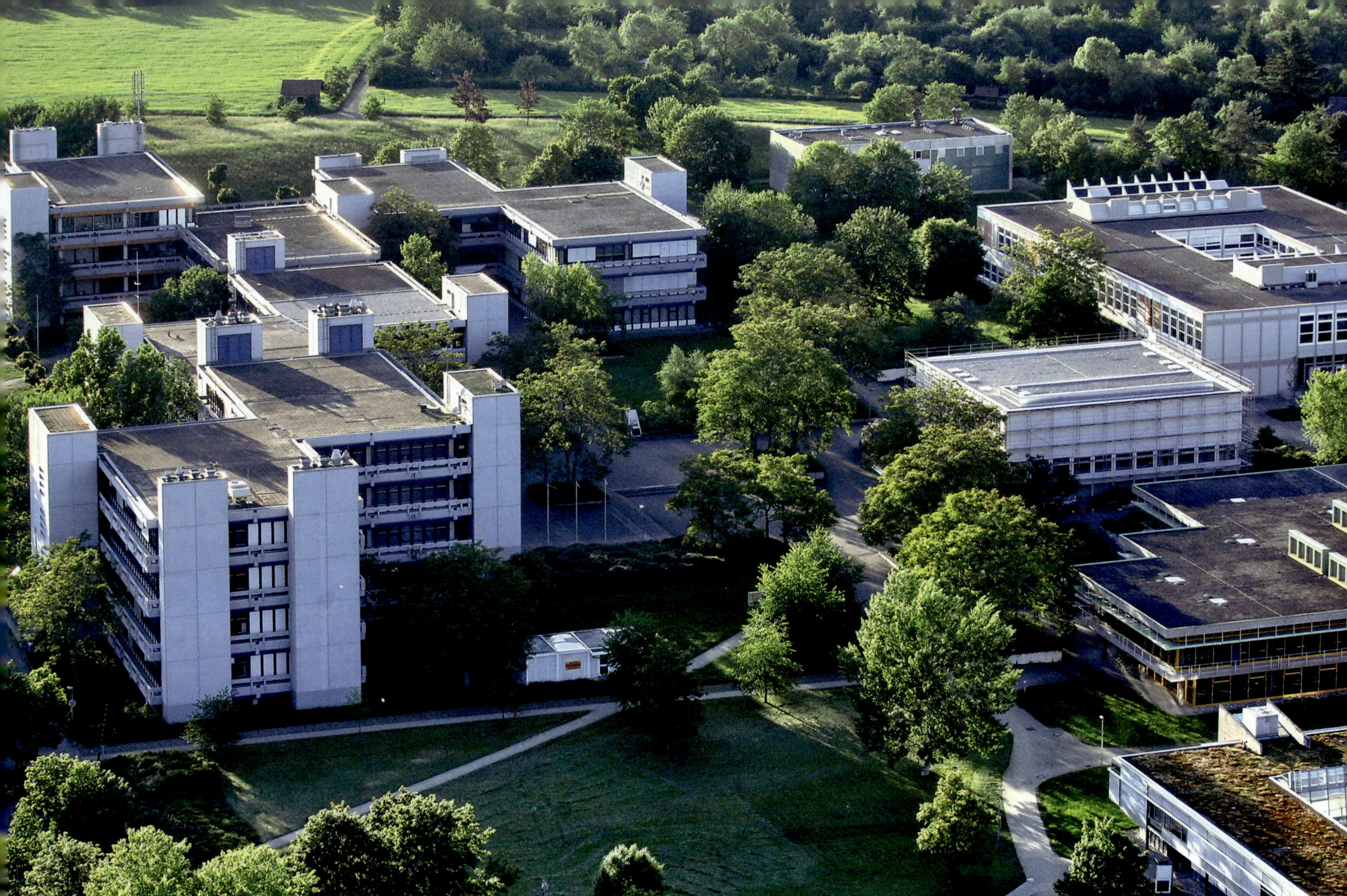

Studieren an der Reutlingen University

Die Hochschule Reutlingen ist weltweit bekannt für eine internationale und unternehmensnahe akademische Ausbildung. Mehr als 5000 junge Menschen studieren an den Fakultäten Angewandte Chemie, ESB Business School, Informatik, Technik, Textil und Design.

Reutlingen University is a university of applied sciences (Fachhochschule) and well known for internationally oriented and practical degree programs. More than 5,000 students are enrolled at the faculties of Applied Chemistry, ESB Business School, Informatics and Textile Design and Technology.

L'université de Reutlingen est connue dans le monde entier pour sa formation académique proche des entreprises et orientée sur les échanges internationaux. Plus de 5000 jeunes y étudient le commerce à l'ESB Business School ainsi que la chimie appliquée, l'informatique, la technique, la technologie du textile et le design.

Reutlinger Stadtteile

Die zwölf Stadtteile Reutlingens haben ihren eigenen Ausdruck gewahrt, sind dennoch miteinander verwachsen und bilden gemeinsam mit der Kernstadt eine bunte Einheit.

Reutlingen's twelve districts have maintained their individuality while growing together and form a colourful whole that includes the city centre.

Les douze quartiers de Reutlingen ont su conserver leur caractère tout en se fondant dans la ville avec laquelle ils constituent maintenant en ensemble vivant.

Altenburg

Seit 1972 gehört der zwischen zwei Anhöhen am Neckar gelegene Ort zu Reutlingen. Im Industriegebiet Mahdenäcker/Mahden wurden während Bauarbeiten an der Bundesstraße Überreste eines römischen Gutshofes entdeckt.

In 1972, this village between two hills on the Neckar became part of Reutlingen. During road works on the Mahdenäcker/Mahden industrial estate remains of a Roman manor were discovered.

Ce quartier situé entre deux hauteurs des bords du Neckar fait partie de Reutlingen depuis 1972. Lors de travaux entrepris sur la route nationale, des vestiges d'une villa romaine ont été découverts dans la Z.I. de Mahdenäcker/Mahden.

Betzingen

Betzingen, bereits seit 1907 Reutlinger Stadtteil, beherbergt in einem für den Ort typischen Trippelhaus aus dem Jahr 1745 ein Dorfmuseum. Es präsentiert Exponate zur ländlichen Kultur und Lebensweise im Raum Reutlingen.

Betzingen was joined to Reutlingen in 1907. Its local history museum is located in a Trippelhaus (typical farmhouse) from 1745. It presents exhibits related to rural culture and ways of life in the Reutlingen area.

Betzingen est rattaché à Reutlingen depuis 1907 déjà et possède un musée villageois installé dans une maison typique datant de 1745. Là sont exposés des objets de la vie quotidienne de la région.

Bronnweiler

Bronnweiler wird aufgrund archäologischer Untersuchungen zu den Orten früher christlicher Prägung gezählt. Nach dem Deutsch-Französischen Krieg wurde auf einem weithin sichtbaren Rundhügel am Ortsrand die Friedenslinde gepflanzt (Foto unten). Der Stadtteil Bronnweiler ist seit 1971 Teil von Reutlingen.

Following archaeological studies, Bronnweiler is reckoned to be one of the earliest Christian sites in the area. After the Franco-Prussian war the Friedenslinde (peace lime tree/photo below) was planted on a hill at the edge of the village that was visible from far away. Bronnweiler has been a district of Reutlingen since 1971.

Des recherches archéologiques ont montré que Bronnweiler est un lieu très tôt marqué par le christianisme. Après la guerre franco-allemande, un «tilleul de la paix» a été planté en bordure de la ville sur une colline arrondie visible de loin (petite photo). Bronnweiler est rattaché à Reutlingen depuis 1971.

Degerschlacht

Im Nordraum von Reutlingen gelegen und seit 1972 eingemeindet, wuchs Degerschlacht durch die Nähe zu Stuttgart und die Erschließung neuer Baugebiete rasch an. Im Ortszentrum steht die evangelische Petruskirche.

Situated in an area north of Reutlingen and integrated into it in 1972, Degerschlacht expanded quickly because of its closeness to Stuttgart and through the development of new building zones. Peterskirche (St Peter's church) marks the centre of the former village.

Degerschlacht est situé dans le nord de Reutlingen auquel il a été rattaché en 1972. La proximité de Stuttgart et la viabilisation de nouveaux terrains à bâtir ont provoqué une croissance rapide de ce quartier au centre duquel se dresse l'église protestante Saint-Pierre.

Gönningen

Die Samenhändlergemeinde Gönningen liegt südlich der Kernstadt und jedes Frühjahr wird die Tulpenblüte bewundert, vor allem auf dem Friedhof. Im Rathaus der Gemeinde, auf dem oberen Bild zu sehen, gibt es ein liebevoll bestücktes Samenhandelsmuseum mit Zeugnissen von den weit über Europa hinausgehenden Handelsreisen der Gönninger.

Gönningen used to be a community of seed merchants and is situated south of Reutlingen. The tulip blossoming season is quite spectacular here, some beautiful arrangements can be found in the cemetery. The former town hall in the top picture now holds a museum of the seed trade with carefully assembled exhibits bearing witness to business journeys of Gönningen merchants that went far beyond Europe.

Situé dans le sud de la ville, Gönningen est connu pour son commerce de graines et admiré chaque printemps pour ses tulipes en fleurs, principalement celles du cimetière. Dans la mairie de la commune (photo ci-dessus), on peut voir un musée de la Graineterie riche en témoignages de l'activité commerciale extra-européenne des habitants de Gönningen.

Mittelstadt

Blick von der Neckarbrücke auf die Klostermühle mit Martinskirche im Hintergrund. Die am Neckarufer gelegene Gemeinde Mittelstadt, auf deren Gemarkung die tiefste Stelle des Stadtgebietes liegt, wurde 1975 eingemeindet.

View from the Neckar bridge at Klostermühle (Abbey Mill) with Martinskirche (St Martin's) in the background. Mittelstadt, which was incorporated in 1975, lies on the banks of the Neckar and the lowest spot of the Reutlingen municipal area is located on its territory.

L'hôtel-restaurant Klostermühle – avec l'église Saint-Martin à l'arrière-plan – vu du pont du Neckar. La commune de Mittelstadt, qui se trouve à l'endroit le moins élevé du territoire de la ville, a été rattachée à Reutlingen en 1975.

Oferdingen

Der bereits 911 urkundlich erwähnte Ort mit seiner ländlichen Atmosphäre, hier mit einem hübsch hergerichteten Bauernhaus, liegt hoch über dem Neckarlauf. Die Bevölkerungszahl ist seit der Eingemeindung 1971 stark angestiegen.

This village was first documented as early as 911. It is situated high above the course of the Neckar. The ambience is rural, here a prettily renovated farm house. Since the incorporation in 1971, the number of inhabitants has increased significantly.

Déjà mentionné dans un document en 911, cet endroit champêtre – avec ici une ferme joliment arrangée – domine le cours du Neckar. La population a beaucoup augmenté depuis son rattachement à Reutlingen en 1971.

Ohmenhausen

Der 1272 erstmals erwähnte Stadtteil Ohmenhausen schloss sich 1949 nach kurzzeitiger Ablösung wieder an Reutlingen an. Die direkt an das Industriegebiet Mark West angrenzende Gemeinde hat sich rasant vergrößert, bewahrte sich aber romantische Ecken, wie das private Bahnhofsidyll im Bild unten erahnen lässt.

The district of Ohmenhausen was first documented in 1272. After a short period of separation, it re-joined Reutlingen in 1949. The community borders on the Mark West industrial estate and has grown dramatically. However, looking at the private railway idyll in the bottom picture one can imagine that some romantic corners have survived.

Ce quartier pour la première fois mentionné en 1272 a été définitivement rattaché à Reutlingen en 1949. La commune voisine de la Z.I. Mark West s'est rapidement agrandie mais a su conserver de petits coins romantiques comme on le devine sur cette photo de l'ancienne gare.

Reicheneck

Die auf einer Anhöhe gelegene Gemeinde Reicheneck ist der kleinste und am ländlichsten geprägte Stadtteil von Reutlingen. Das 1991 eröffnete Museum, die Reichenecker Heimatstube, zeigt vor allem Haushaltsgegenstände und Arbeitsgeräte aus dem bäuerlichen Alltag.

The smallest and most agrarian community, Reicheneck, is situated on a hillside. The exhibition in the local history museum 'Reichenecker Heimatstube', concentrates on household articles and farm equipment.

Situé sur une hauteur, c'est le plus petit et le plus rural des quartiers de Reutlingen. Le musée régional de Reicheneck inauguré en 1991 expose avant tout des ustensiles ménagers et des outils de travail de la vie quotidienne en milieu rural.

Rommelsbach

Im Stadtteil Rommelsbach mit dem charmant renovierten Rathaus in der Ortsmitte wurden umfangreiche Baugebiete erschlossen. Mit neuen öffentlichen Einrichtungen und dem 1978 bezogenen Bildungszentrum Nord wurde auf das stetige Ansteigen der Bevölkerungszahl reagiert.

In the Rommelsbach district with its charmingly renovated town hall, extensive areas have been opened for building developments. In reaction to the steady growth of its population new public services were established and in 1978 the Bildungszentrum Nord (educational centre North) was opened.

De nombreux terrains à bâtir ont été viabilisés dans le quartier de Rommelsbach au centre duquel se dresse sa mairie joliment rénovée. L'augmentation continue de la population a entraîné la construction de nouveaux établissements publics et du lycée-collège BZN entré en fonction en 1978.

Sickenhausen

Die Gemeinde Sickenhausen, die seit 1972 an Reutlingen angeschlossen ist, konnte ihren ländlichen Charakter wahren. Eine der schönen Ansichten ist im Ortskern der Gasthof mit Rathaus im Hintergrund.

Sickenhausen, which was merged with Reutlingen in 1972, managed to retain its rural character. One of its beautiful prospects is the inn at the centre with the old town hall in the background.

La commune de Sickenhausen, qui est rattachée à Reutlingen depuis 1972, a su conserver son caractère champêtre. Le restaurant, avec la mairie à l'arrière-plan, est l'un des jolis motifs de ce quartier.

Sondelfingen

Bereits seit 1939 ist Sondelfingen ein Teil von Reutlingen. Der moderne Stadtbezirk gehört mit über 6000 Einwohnern zu den größten Stadtteilen und ist geografisch nahezu mit Reutlingen verschmolzen. In der Stephanus-Kirche, die viele Jahrhunderte die Dorfkirche von Sondelfingen war, fand 1960 der letzte Gottesdienst statt. Seit 2000 gibt es für Brautpaare die Möglichkeit, sich in romantischem Ambiente das standesamtliche Ja-Wort zu geben.

Sondelfingen became a district of Reutlingen as early as 1939. With 6,000 inhabitants this modern district is one of the biggest and, geographically, has almost completely merged with Reutlingen. In the Stephanus-Kirche (St Stephen's), which used to be Sondelfingen's village church, the last service took place in 1960. Since 2000 bridal couples have been offered the opportunity of conducting their civil marriage ceremony in this romantic ambience.

Sondelfingen fait partie de Reutlingen depuis 1939. Ce quartier moderne de 6000 habitants maintenant pratiquement fondu avec Reutlingen est le plus grand de la ville. Le dernier service religieux célébré dans l'église Saint-Stéphane, qui a été pendant des siècles l'église paroissiale du village, date de 1960. Depuis 2000, les jeunes couples peuvent se marier civilement dans son cadre romantique.

Freizeitvergnügen

Stadion Kreuzeiche

Im Naherholungsgebiet Wasenwald, zwischen Freibad und Reutlinger Seen, liegt das Stadion Kreuzeiche, das 1953 eröffnet wurde. Auf die 2002 neu erbaute Tribüne des Reutlinger Stadions, der Heimat des traditionsreichen SSV Reutlingen 05, passen rund 5200 Zuschauer.

Leisure Time Activities

The Kreuzeiche (Cross Oaks) stadium, which is located in Wasenwald (Wasen Forest), a nearby recreation area, between the open air swimming pool and Reutlinger Seen (lakes), is the home of long-established sports club SSV Reutlingen 05. It was opened in 1953 and was equipped with new stands for about 5,200 spectators in 2002.

Activités de loisirs

Inauguré en 1953, le stade de Kreuzeiche est situé dans la zone de loisirs du Wasenwald, entre la piscine en plein air et les lacs de Reutlingen. La nouvelle tribune du stade du SSV Reutlingen 05 a été construite en 2002 et peut accueillir environ 5200 spectateurs.

Freibad

Das Wellenfreibad Markwasen präsentiert sich als moderne Freizeiteinrichtung mit 50 Meter langem Schwimmbecken, bis zu 10 Meter hohen Sprungtürmen, einem Wellenbecken, einem FKK-Bereich und einer 85 Meter langen Riesen-Röhren-Rutsche.

The Markwasen open air wave pool is a modern leisure facility with a 50-metre pool, diving platforms up to 10 metres, a wave pool, a nudist area and a gigantic 85-metre tube slide.

La piscine en plein air de Markwasen est un établissement de loisirs comprenant un bassin de natation de 50 m, des plongeoirs faisant jusqu'à 10 m de haut, un bassin à vagues, une aire naturiste et un toboggan tubulaire géant de 85 mètres.

Reutlinger Seen und der Wasenwald

Ein stadtnahes Erholungsgebiet für die ganze Familie schließt sich an Campus, Stadion und Freibad an. Idyllische Seen, Wiesen mit Sportpfaden und der Wasenwald laden zum Verweilen ein.

The campus, stadium and open air pool are embedded in a recreation area close to the city. Idyllic lakes, meadows with training circuits and the Wasenwald (Wasen forest) are an invitation to spend time there.

Lacs romantiques, prés aménagés de sentiers sportifs et le Wasenwald invitent à s'arrêter dans cette zone de détente familiale située près de la ville, dans le prolongement du campus, du stade et de la piscine en plein air.

Schwäbische Alb

Bei Ausflügen in die direkte Umgebung von Reutlingen reizt die schöne Landschaft der Schwäbischen Alb mit schroffen Felsformationen, weiten Hochflächen und den typischen Wachholderheiden, Tropfsteinhöhlen, Schlössern und Burgen. Und mit etwas Glück kreuzen Albbüffel beim Viehtrieb den Weg.

On excursions into the countryside around Reutlingen you can experience the beautiful landscape of the Swabian Jura with craggy rock formations, wide plateaus and typical juniper heaths, dripstone caves, castles and fortresses. And with any luck, a herd of alpine buffaloes may wander across your path.

Formations rocheuses escarpées, vastes plateaux, landes de sureaux, gouffres et châteaux font tout le charme des excursions dans les environs de Reutlingen. Et avec un peu de chance, on peut même croiser des buffles du Jura en transhumance.

Wie im Märchen – Schloss Lichtenstein

Inspiriert von Wilhelm Hauffs Roman „Lichtenstein“, ließ Graf Wilhelm zu Württemberg Mitte des 19. Jahrhunderts am Albtrauf das romantische Schloss Lichtenstein im neugotischen Stil errichten.

In the middle of the 19th century, inspired by Wilhelm Hauff's novel 'Lichtenstein', count Wilhelm zu Württemberg had the romantic Lichtenstein castle built in the Neo-Gothic style on the escarpment of the Swabian Jura.

Au milieu du 19e siècle, le comte Wilhelm zu Württemberg s'est inspiré de «Lichtenstein», un roman de Wilhelm Hauff, pour construire ce romantique château néogothique.